Klaus Adloff
Krumme Häuser
Gedichte

Klaus Adloff

KRUMME HÄUSER
Gedichte 1980 – 2001

Für den Erfinder der Liebewichtmaschine

ISBN 3-8311-2779-4

Herstellung: Books on Demand GmbH

Printed in Germany

Inhalt

Kapitel 1

Kapitel 2

Kapitel 3

Kapitel 4

Statt Vorwort

Wenn du einmal in einer ruhigen Zeit über
dein Land gehst wirst du Bäume sehen, die groß
und prächtig gewachsen sind und deren Namen
du nicht mehr erinnerst. In deren Schatten werden andere
verdorrt sein. Andere, deren Samen du nah bei deinem Atem
in die junge Erde legtest.
Wieder andere wurden gefällt von groben Äxten und ein Geruch
von Rauch wird dort sein.
Mag sein, dass ein großer Fluss dich zwingen wird deine
Richtung zu ändern, ein Strom der sich träge durch dein
Flussbett wälzt – das andere Ufer unerreichbar.
Vorbei an notdürftig reparierten Grenzen und überwucherten
Gemäuern wird dein Weg dich führen. Auch vergessene
Gräber wirst du finden und erschreckt vielleicht schneller
gehen.
Und erklimme noch einmal deinen Berg um dein Land
ganz zu überschauen. Da werden Täler sein voller Nebel und
verödete Landstriche – vergessen.
Nicht alle Horizonte werden weit sein dort oben.

Aber vielleicht,
ich wünsche dir das,
findest du dich überraschend
an einem vertrauten Ort,
wo der Wind nur streichelt und Sonnenflecken leuchten
und dann
gräbst du noch einmal
mit bloßen Händen,
aber ohne Hast,
nach den uralten Geheimnissen
nah bei deinen Wurzeln.

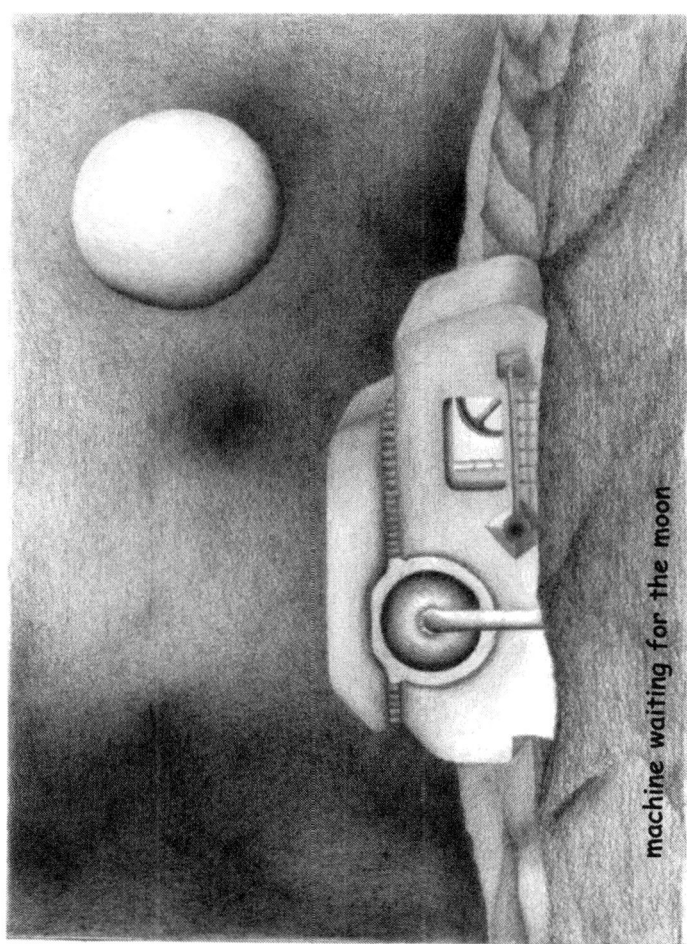

machine waiting for the moon

Gedichte

Gedichte möchte ich schreiben,
total verspielt,
die keine Ruhe geben,
weh tun,
auf jeden Teppich kacken,
sich im Schlamm wälzen,
jeden gemütlichen Pantoffel zerfetzen,
Lärm machen,
in jedem, ganz besonders den geheimen Winkeln schnüffeln,
aber auch ganz unberechenbar

plötzlich in deine Armbeuge kriechen
und sich ganz eng an dich kuscheln.

Ratschläge

Ratschlag an die Läufer

Verliere das unerreichte
Ziel aus den Augen
Atme bedacht am
Start ist die Luft
dünner. Die künftigen
Verlierer halten andere
Rekorde lange schon.

Ratschlag an die Versteckspieler

Verbirg dich ohne
Sicherheit gefunden zu
werden andere auch
verloren gehen in
bester Absicht Spieler
nur zu sein.

Ratschlag an die Gierigen

Friss dich versehentlich
werden schnelle Wunden
zu Brüdern die
alle Narben auswendig
schon daher schreien
in den verwundeten
Gründen die herrschen.

Ratschlag an die Wissenden

Fall rückwärts auf
den Bauch der

knurrt zulange schon
sein bittebitte Lied
Gewähre Aufschub deinen
Henkern,auch sie
wollen begnadigt sein
in deinem Morgengrau

Ratschlag an die Gehenden

Lege deine Spur
unter den Oberflächen
kann Fremdes zurück
bleiben auch andere
die keine Trennung
verkraften ohne ähnliche
Väter die Zweifel
verhökern auf den
uralten wehrlosen Märkten.

Ratschlag an die Suchenden

Meide bekannte Pfade
die führen dich
sicher an trügerisches
Licht und erhellen
zu einfach dein
weißkeinerwas Dunkel an
wenigen Orten die
schon ganz durchwühlt
von panischen Letzten
die dort ihre
Suche schon vor
dem Aufbruch begründet
niemals begannen

Ratschlag an die Verlorenen

Finde dich behutsam
Im schlafenden Licht
seufzen die Wölfe
verlogen. Suche dich
an fremden Orten
wird das Leben
dich erkennen in
großen Herden werden
kluge Wächter verstoßen

Ratschlag an die Träumer

Lass deine Flügel
heimlich wachsen. Verlier
keine Federn über
fremder Leute Land
sei wachsam nach
Unten kommst du
schwerer wird dein
Atem gehen beim
Erwachen im Tag

Bedenke, wenn du gehst

Bedenke was du zurück
lässt wenn du gehst
in andere Räume aus Wänden
Türen und Fenstern
die verschlossen werden
müssen wenn Gefahr droht
von da wo du herkamst

Bedenke was du mitbringst
in deinen geduldigen Taschen
findet sich alles verwachsen
mit dir, dein Gepäck ist
schwerer geworden von
verbogenen Schlüsseln und
gebrochenen Schlössern

Doch bedenke auch
wie das Meer schmecken kann,
Bedenke
wie dunkel die finsteren Sterne
zerleuchten das Jetzt

und bedenke mein Mensch

Wir bleiben gebunden
an verratene Schwüre
an Stücke gebrochener Wörter

die vertrauten Pfade
die gehen dann Fremde.

Reality (Forward to the Roots)

Hänsel und Gretel hatten all ihre Kiesel
am Bach verspielt

Und ihre Brotkrumen fraßen die Raben.
Und der Ofen war aus.
Und die Hexe blieb böse und hungrig.
Und der Kater wurde nackt überfahren in seinen Stiefeln.
Und Rapunzel hatte eine neue coole Frisur.
Und Aschenputtels Schuhe passten einfach nicht zum neuen
Kleid.
Und des Kaisers neue Kleider waren unerschwinglich.
Und die Zwerge hatten mehrfach umgeschult.
Und Dornröschen sagte ‚ Lass das'

Und täglich kommt der Wolf
und grinst
und gelassen beugt er sich
über unseren mühsamen Brunnen

Lied von den Schmugglern

Sieh nicht hin
in ihre hastigen Taschen,
sieh nicht ihre Augen
die suchen doch
nur Verstecke in dir
für ihre verlogene Ware.
Sie kennen die Pfade
durch alle verschwiegenen Grenzen
gewachsen.

Geh du
einfachschwer
deinen Weg

durch die Grenze findest du blind
leicht
gerade in deiner eigenen Nacht

Krumm gelegt

Der hat sich krumm gelegt.
Wofür hat er vergessen.
Und wurde gebogen
von Zeit zu Zeit
war er keine Ausnahme
Schmerzvoll aber geradeaus
blickte er auch wenn etwas brach
schloss er die Augen und lächelte später
so sagte er werde ich leben.

Heute lebt er von seinen Resten.
Du triffst ihn manchmal.
Leicht und sicher lächelnd
als sei das Spiel ein Spiel.

Der hält sich aufrecht
immer noch und noch
an Lehnen, andren Mitteln
und seine Hände zittern manchmal
etwas stark
dann weiß man nicht genau
wohin sie zeigen.

An den Dichter

Betrachte dein Blatt
das fiel von einem Baum
vielleicht
nur im Herbst
Du nahmst von den anderen
nur das Nötige
war zu gebrauchen
in deiner zerschriebenen Welt.

Spring schnell in den fahrenden Zug
der hält nicht mehr oft vor
den wachsenden Grenzen
ganz egal
wo der hinfährt

Zerschneide du weiter die Wesen aus Licht
häute den Schatten der fällt
auf dein Fleisch das versteht doch kein
einziges Wort und hungere weiter
nach Fleisch

So wirst du dich winden
durch engere dunklere Täler
dort lauern sie deinem Schatten
lauschen deinem unhörbaren Tritt
atemlose Unwesen
nebenbei
zerbrechen Sie deinen Weg

Jahreszeiten

Der Herbst legt
groß sein leises Ei
ins kalt gemachte Nest
und brütet weiß
in Stille
der ungehörte Vogel
Winterfraß
die ganze Welt
für eine Zeit
nun
leise bricht die Schale
Frühlingskind tanzt
federnblitzend in
die Wiederwelt
verlässt das Nest
für einen langen
noch ganz unbenutzten
Sommer

Einweg

Als ich dir
zu
nahe kam

wäre ich gern
ein paar Schritte
zurück gegangen
doch
diese gegangenen Wege
sind ungehbar geworden

nur

die Spuren
bleiben manchmal
für immer

Wichtig ?

In der Zeitung stand zu lesen
dass Amseln begonnen hätten
Handytöne zu imitieren.

Dies führe zu Irritationen.

Auch ich bin irritiert, ich meine unklar ist
wer da wessen Urheberrechte verletzt.
Und schick doch mal gleich einen
nach draußen,
zu fragen
ob das wichtig ist
und für wen ?
und er soll bloß nicht wiederkommen
ohne Antwort.

Versuche über Amseln.

I.
An diesem Morgen klingeln die Amseln
die Welt aus den schwarzen Federn.
Die schlurft, wie immer, viel zu langsam
an den Apparat und glotzt verdutzt auf
das still gewordene Dings, das
flatternd jetzt hinauf verschwindet.

II.
Die Amsel ist wohl ein nutzloses,
zudem noch schwarzes Ding, das
Würmer die ihr nicht gehören frisst
und Halme sammelt, und sich aufplustert
von Zeit zu Zeit
und abends unsichtbar wird
als ob das so einfach wäre.

III.
Amseltage
An diesem Abend singt die Amsel
die Nacht herbei und verschenkt mir ihr Lied.
Oder winkt sie dem schwindenden Tag ?
So gehen Amseltage auch zu Ende.

Regenbogen I.

Das Licht wird gebrochen
sinnloser Aufwand
die Lehre der Scherben

der bunte Finger
des uralten Blinden
tastet die Erde nach Engeln ab.

Regenbogen II.

Wer bricht hier das Licht ?
Und für wen ist die Brücke geschlagen ?
Wer geht diesen bunten haltlosen Weg
in den haltbaren Himmel
wo Zöllner
so sagt doch das Buch -
bestimmen.

Regenbogen III.

Du bunter krummer
Sonnenstrahl
wen blendest du
wenn Kind ich
deinen bunten Schatten suche

Die Beiden

Die Beiden sind ein schönes Paar.
Sie gehen zusammen zum Klo.
Sie sind verliebt.
Sie verbergen das nicht.
Sie halten sich an den Händen.
Sie teilen alles was Ihnen gehört.
Das ist nicht viel.
Die Hälfte ist noch weniger.
Sie kommen zurecht und manchmal haben Sie keine Angst.

Eine gewisse Rücksichtnahme
sagt der Mann gegenüber kopfschüttelnd.

Geheimnis

Die kleinen Vögel
sind nun müdesatt –

schlafen in gemachten Nestern

Die große Aufregung
Durcheinflatteranderpiepsen
kleine Herzen, kleine Schläge

wegen
der Katze,
die vorbei ging
voller Katzenziele

ist vorüber

Nur ein paar
verlorene Federn
werden eine Zeit noch erinnern
und keiner , der vorüber geht
wird wissen
was oder warum

Wasser und Brot

Es verstört manchmal
etwas
die Überlegenheit
der Krume
es verwirrt
die Macht des Tropfens
da
zu beginnen
wo das Ende gültig ist
kostet wohl alles

Es gibt Tage,
an denen sich
die kunstvollen Entfernungen
in nächste Nähe
verwandeln
die sorgfältigen Erinnerungen
zukünftig werden
oder
zu Unmöglichkeiten geraten.

Die Totenwaage

Hat an Gewicht
verloren
in der glänzenden Welt
die blendet
wenn verendet
Knochen werden leichter
auf der leichten Schulter
wiegt was schwerer
in fremderen Einheiten
fließt überfließend in die
leergeträumten Schalen
Die da gerät fatal in Gleichgewichte
dass sich die Balken nur noch biegen
nun in Scham
Auch Monster haben haltbare
Ideen
Man wiegt sich nun
auf and'ren Waagen

Nachsatz

     Sicher, das neue Miteinander
     schwitzt ein wenig scherbig
Aber
Wir sind grade mal so gut in Schwung

Das Knirschen
wird gewöhnlich werden.

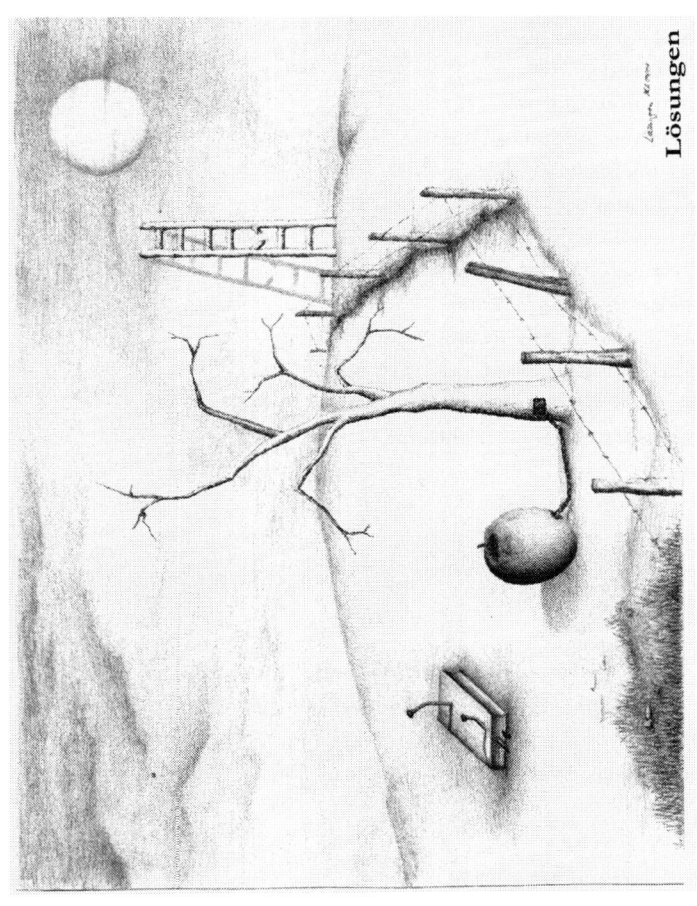

28

Krumme Häuser

Einer erzählte
drüben hinterm Berg
bauen Sie krumme Häuser

Ein anderer flüsterte
niemand dort schneide sich das Barthaar
alle hinterm Berg hätten Bärte
und dadurch und vielleicht Schlimmeres
sähen alle gleich aus
und so habe er sagen hören
sie fühlten keinen Schmerz
drüben hinterm Berg

Vier, Fünf Dritte raunten an Theken
sie sprächen rückwärts
und Leere nähmen Sie niemals an
von fremden Anderen.

Auch eine Mutter sprach
zu einer Mutter,
deren Kinder seien ganz schief geworden
von den Häusern,
die sie ganz und gar kunst- und rücksichtslos
drüben hinterm Berg erbauten
krumm wie Schlangen kriechen

Und ein Alter krächzte
seine alten Erinnerungen
an die drüben hinterm Berg
bis man ihn beruhigte
und man versammelte sich unter dem Lot
sang unter dem Winkelmesser
  , der zerschneidet uns die Welt

grad wie es uns gefällt'
und man lobte den Berg

Man war sich einig, nein zweiig ja dreiig ...
war man sich mehr als genug
und man sammelte Steine
und ein jeder rührte Mörtelsuppe
für die höchste, die undenkbare Mauer
das sei nur lotrecht und billig
und ohne Zweifel zweifellos
denn alles sei gefährdet durch

Krumme Häuser

Die Freiheit des Schattens am Mittag,
ja die große Idee vom Fallen,
das Beugen, das Streben,
die Pläne, die Zahlen
seien schwach
drüben hinterm Berg
wenn überhaupt

Und keiner sei je zurückgekehrt
Keiner
sei zurückgekehrt
nach hier in unsere Winkel
Verlorene, die Listen wachsen
so die Statistiker,
langsamer.

Geschwindigkeit, geht das nicht ein bisschen schneller
(Schwall-Experiment)

Kapier vor dem Punkt
Schneller im Denkraster bleiben
Nutze schlanke Worte
  Benutze abgemagerte Worte
   Zernutze verratene Worte
    Abnutze missbrauchte Worte
Fass zusammen/So is' gut/weißt du was ich meine ?
meinst du was ich weiß ?Was weiß ich ?
Nick schon mal/nicht zu heftig/von wegen Ecken und
Kanten/
Ziel auf die Ohren(vergiss nie den Ohrzeigersinn)
Reden/Brich den Balken der Goldwaage/alle Worte werden
gut/
In Abrede stellen/hast du nie gesagt/oder zumindest
genauso gemeint/völlig abgeredet
Zerreden/Große Wortemühle malt/das Produkt kommt in
Säcke/einheitlich
Redlich/Hebe deine Stimme/zitiere Worthalter
      Für die Ästheten(schöner im Denkraster bleiben)
       Nur schöne Gehirne
       haben schöne Gedanken
       Nur ein schneller Gedanke ist ein schöner Gedanke
Schweig schneller(das wird schnell gewesen sein)
Rede schneller/als die Hörer schweigen/zitiere Rekordhalter
Häng die Worte enger aneinander(etwas schneller als der
Schall dürfte genügen)
Schocke(getäuschte Denkpause, gedachte Täuschpause,
gepauste Denktäusche)
Sprich jeden Satz wie ein Wort/verbale Raserei/bleib hörbar
schneller
Überrede/Übertöne/Überzeuge
Über mal wieder/Das ist ein Überfall

Fazit(ter) jetzt bloß nicht
Das muss im Ohr zergehen

‚Ich bin schon da'
bis dass der Hase
endlich tot ist

Die Spezialisten

Haben schon gestern ein Ziel erreicht.
Die Feier verschieben Sie, sie müssen weiter.
Die Spezialisten besitzen feinste Instrumente
um kleinste Einzelheiten zu begreifen. Das tun Sie
fast täglich. Die Spezialisten sind auch Menschen
aber nicht nur.
Sie sind leicht zu erschrecken aber nur schwer zu
schockieren. Die Spezialisten kennen nur einen Witz
aber den erzählen Sie immer wieder. Sie tun alles
was sie können und das so schnell wie möglich.
Pizza essen Sie am liebsten ohne alles. Sie
beherrschen ihre Gebiete. Sie können nicht vergessen,
aber das können sie gut.
Die Spezialisten blinzeln wenn Sie in die Sonne
treten und kneifen die Lippen zusammen wenn es
regnet.
Sie können auseinander halten und das können sie gut.
Es gibt Wörter die sie nicht benutzen. Manchmal sind die
Spezialisten nervös aber das scheint nur so.
Wenn ein Spezialist weint bringt man ihn fort.

Fällt der Strom aus werden die Spezialisten
schwermütig.
Ansonsten können Sie es auch nicht ändern.

Die guten Ratgeber

Waren immer die Steine,
die ausharrten bis sie geworfen wurden
die Moos ansetzten und Zeit hatten
für Stein sein.

Waren aber auch die Flüsse,
die immer ihr einziges Lied sangen,
bis zum Meer wo sie einstimmten
in das alte endliche Lied

waren aber auch die Winde,
die im Sturmnest wuchsen
und alles mit sich nahmen
und ihr Lied war grausam und sanft

waren aber auch die Meere
die immer an den Himmel reichten
die unablässig zerbrechen
und atmen darin

Und wir mein Mensch
machen Ernst in kalten Arenen
gieren unablässig nach Siegen –
ganz
verfallen den Schreiern
auf den Rängen rundum

ja wir tasten herum
in unseren Finsternissen,
spielen unsere kleineren Spiele
und fallen unter die Würfel

Die Gärtner

Sagen, das Wetter
bringe eine gewisse
Unwägbarkeit in ihr
Geschäft so das
sie gezwungen seien
gröbere Mittel anzuwenden
bei der Aufzucht

Sagen, dass in
ihren Herzen jede
Pflanze einen Platz
Habehabehabe,
der ihr nicht
zustehe in den
sorgsamen Gärten. Dabei
lächeln Sie grünlich.

Sagen, dass ihr
Wohl gleich sei
dem Wohl Ihrer
Pflanzen und dass
Liebe schmerze wenn
auch die Werkzeuge
scharf glatte Schnitte
folgend übliche Narben
immer nur hinterließen.

Sagen, dass Schädlinge
ihre Pflanzen befielen
alles fräßen, gute
wie schlechte Wurzeln
aus fremden Gegenden
unwissend ihr Unheil

täten ohne Unterscheidung

Sagen, dass ihre
Pflanzen schon früh
Formung nach neueren
Plänen erfahren müssen
Beispiele für wilden
Wuchs böte der
Wald in unerträglicher
Vielfalt kreuzquer
Später seien sie
mit großer Gewalt
nur noch zu
brechen in Formen

Sagen, das Veredeln,
die höhere Kunst
des schwierigen Formens
ein hilfreicher Eingriff
in passenden Zeiten
das Fremde schon
bald nicht mehr
zu unterscheiden sei
von staunenden Laien

Homo Sapiens Light oder Fragebogen

Sind Sie zukunftssicher ?
Sind Sie biologisch abbaubar ?
Sind Sie pH-neutral ?
Sind Sie eigentlich noch ganz normal ?
Sind Sie rentabel ?
Sind Sie leicht verteilbar ?
Sind Sie Light ?
Sind Sie immer nur einen Mausklick entfernt ?
Sind Sie fleckenfrei ?
Sind Sie ökologisch unbedenklich ?
Sind Sie leicht einziehend ?
Sind Sie die ganze Vielfalt ...?
Sind Sie vertretbar ?
Sind Sie wiederverwendbar ?
Sind Sie einfach nur lecker ?

Sind Sie

Sind Sie auch

Sind Sie auch immer

schön
schönjung
schönjunggesund
schönjunggesundhappy

Sind Sie einfach gut drauf ?
Sind Sie schwer schlecht drunter ?
Sind Sie mittel dazwischen ?

Auch -
abends wenn

alles

erledigt ist ?

Addieren Sie alle Punkte !
Lecken Sie die Summe vom Blatt !
Und !
Schmeckts ?

Die Messer

Haben schon von klein auf
alles gemessen.
Sie kennen deine Herzfrequenz
so gut wie Ihre.
Sie haben Tabellen über Gefühlsstärken
und wissen damit umzugehen.
Deine Schrittweite im Verhältnis zur Länge deiner Beine,
so sagen Sie,
könnte dich schneller voran bringen.

Die Messer,

Dem Wind gaben Sie eine Stärke
Dem Meer einen Salzgehalt
Dem Himmel gaben Sie eine Höhe
Den Steinen gaben Sie eine Härte
Dem Baum gaben Sie einen Nutzen
Dem Tier einige Adjektive,
einigen gaben Sie zusätzlich ein Schlachtgewicht.
Den Engeln gaben Sie Flugverbot.
Deinem Leben gaben Sie eine Zeit, eingeteilt.
Dir gaben Sie einen Wert.

So verschwindet mehr und mehr
Dein unmessbares Selbst,
das unmessbare Wesen der Dinge
im unmessbaren Unraum

Und selten noch stoßen wir
und andere
uns schmerzhaft an
mancherlei Nichts

Irritiert

Als ich das Wort
las
und später
die Bilder sah

Love Parade

Alles nach Plan

Der Plan war gewachsen, unbemerkt
fast überschattete er
die traurigen Augen der Väter,
trieb seine gierige Wurzel
hinein in die emsigen Hände
der Mütter -
die Planer fühlten
die gealterte Angst
fast nicht
in ihrer Not
hätten sie immer
noch einen Notplan

in einer dunkleren Schublade
warte der geduldig
auf seine Zeit

Die Geplanten
waren in Fassungen geraten
ahnungslos hielten
sie ungesagtes Wort
später, fassungslos
waren sie nur noch Gewicht
auf der sinnlosen Waage

Die Verplanten
waren abgezählt
und ergaben
nur eine Summe
unter dem schwärzesten Strich
herrschte Stille

Der Plan
hielt sich strikt
an seine Vorgaben
hakte sie ab
alle
als erledigt

Nach der Ordnung

Ahnungslos

Ahnungslos nicht
wie die Maus die vorüber lief
an der Falle

Nein, ahnungslos
wie hungernde Vögel
in verschneiten Gärten.
Eher
diese Ahnungslosigkeit.

Preis

Als du dich bekannt
machtest
mit den Wölfen
ahntest du vielleicht schon
das Misstrauen der
Schafe

Nun denn
wenn die Wölfe
dich nicht mehr erkennen
wird die Herde
unruhig immer noch
sein
in deiner Nähe

Behelf

Fast durchsichtig
reißt sie leicht
deine Heutehaut
dies lehrte man
dich leicht
an den Abgründen
und ihren Verlockungen

heute halte dich
fern von der Nähe
nimm dich zurück
bis weit hinter
dich
so wirst du
unbeschädigt fast
vom Tag übergangen

sprich
das verdorbene Wort
wird den Hunger
nicht stillen
nur
ein Behelf
die Brücke zu brechen
über reißenden Fluss
an
bittere Ufer
nie
zu gelangen

Festhalten

Fing also heute
den größten Schmetterling
Tötete ihn
bevor er ihn spießte
und hinter Glas
sperrte

So das er dreimal
nicht
davon fliegen konnte

Jetzt ist er preisgegeben
jedem verratenen Auge
und
doch entkommen
auf die geduldige Blüte
legt sich der Staub
zerfallender Bilder

Spätsommerwind

Die Margeritten
sind wohin? verblüht
Die Falter
klammern sich
verbissen
an die letzten Blüten
Der erste
alte Wind
blättert durch den Wald
Die Krähen krächzen Sehnsucht
Das Grün ist trotzig noch
und müde
Der Nachbar
taxiert die Wolken
...
im dunklen Schrank
zappelt der Windvogel
voller Ungeduld

Horror

Als die Zahlen
begannen zu träumen
am hellichten Tag
erschraken die Pläne
wurden blass – unleserlich

der Eins begann Fleisch zu wachsen
und endlich fühlte sie Gier
die Null kreischte ein Lied
und die Drei wurde fast zur Fünf davon
die Vier begann zu zählen
und kam doch nicht
über sich hinaus
die Sieben bekam ein Suchtproblem
mir Buchstaben
das hatte die Neun schon kommen sehen
die Sechs hielt SUMME nicht aus
sie verschwand
die Fünf wurde ein Quertreiber,
niemand verstand ihr Problem
von der Acht hörte man nichts
nein gar nichts
die Zwei und die Drei wurden
ein Paar
die Neun wurde gesehen
Arm in Arm mit einem X

Die Mathematiker begannen die Fünf
zu verstehen
ein Lineal krümmte sich bis zum Bruch
ein Radiergummi wurde verbraucht
der Punkt hasste das Komma
schon immer

seit dem
und keine einzige
Rechnung
ging mehr auf

Zeit I.

Das sind wir, die gehen und vergehen
das sind wir, die verloren sind
wie sinkende Schiffe
oder Ratten die verlassen.

Das sind wir, die verlassen und lassen
das sind wir die verlässlich sind
wie fallende Blätter.
Vom Wind ganz besessen.

Das sind wir die verbergen und borgen
das sind wir, die geborgen waren
wie ungefragte Wesen
vom Schweigen verhandelt

Das sind doch wir, du ich
die Landkarten absuchen
nach ungehbaren Wegen ins Alles.

Die Stumme höflich nach den Wegen fragen,
sind wir
und Blinde beschreiben lassen die Ziele

sind wir
die studieren in gelogener Ruhe
die Hinweisschilder
die weisen ins Nichts.

Zeit II.

Die Zeitmesser,
tief zerschneiden Sie
meine Zeit
in nutzbare Stücke

Einer vermisst
meine zerschnittene Zeit
- notiert einen Wert
Du vermisst
meine zerschnittene Zeit

Wie unerschwinglich
wird dein Lächeln werden ?
Wer kann sich dein Schweigen leisten ?
Wer noch
erwartet die Ankunft der Träne
am Kinn ?

In der Stille
sammelt sich
verlorene Zeit

Du hast dich verfangen
in den Messern
und Zeigern
und
hilflos brichst du die Rekorde
von Tag zu Nacht
mehr und mehr.

Ungenügend

Er kroch zwischen
die Steine
sich zu verbergen
Doch als Moos
ihm wuchs auf Haut und Augen
knirschten die Steine böse
So ähnlich durfte er
nicht werden

Er stieg hinauf in das Nest
der Raben
sich zu verbergen
Doch als der Tag anbrach
sahen sie seinen weichen Mund
die dünne federnlose Haut
und er musste gehen
Sie wiesen ihm den Weg
zu den Schlangen

Er kroch zwischen
die schlafende Herde
sich zu verbergen
Doch als er erwachte
waren sie weiter gezogen
und ihre Spuren führten zur Grenze
Nur eine blutige wies zum Fluss
und er fror auf der Flucht

Er lief mitten im
jagenden Rudel
sich zu verbergen
doch als dann die Beute
zitternd umringt

da war ihm der Hunger
zuwider
und der Wind stank nach
Gier und nach Angst
und so musste er gehen

Als er zurück kam
zu den Seinesgleichen
und ihnen das Lied sang
von der Suche
verstanden die nicht ein Wort
so wie er knirschte und krächzte
Sie erschraken über Moos
auf seinen Augen
und hielten Abstand
Sie berührten die kleinen Federn
auf seinen Armen
und riefen ihren Wind
Sie zerbrachen ihn
zu erforschen von welchem Berg
er stammte
Sie warfen ihn in Abgründe
seinen Flug zu sehen

Doch er genügte
Ihnen nicht

Und so
weil auch der Abend kam
ließen sie
ihre Hunde
von
ihren Ketten
und lobten die Nacht

Sinn machen

Die unzerbrechbaren
Maßstäbe
werfen
ihre gültigen Schatten
in die Wiege

nur eine Markierung
auf der Skala
der Sinnmacher

Gib Acht
sonst verkommt
dein Leben

unter dem Strich

zu einer Zahl

Hätte da noch eine Frage

Nur wer Licht bekommt
kann Schatten werfen

Wer Licht und Schatten bekommt
kann vielleicht
dunklere Schatten werfen

Wer nur Schatten bekommt
wird vielleicht Schatten

Bis hier
könnte dies stimmen
Aber
was ist mit denen die Licht werfen ?

Manchmal sogar
im
Dunkel

Lauflied

Lauf weiter
halt nicht ein
sonst bleibst du noch zurück
Das Größte
ist zu klein
und ist auch nur ein Stück

Lauf schneller
ganz nach vorn',
dass dich ja keiner beißt
Die Hunde gieren
jeden Tag
nach Letzten wie du weißt

Lauf immer
Ziel nach Ziel
Halt inne nie am Rand
Erinnre nicht
wie viel ihr wart
am Start verbrenn das Band

Nüchtern

Nüchtern betrachtet
war meine Rückkehr
auf den Boden der Tatsachen
eine totale Bruchlandung

Andererseits
nicht schlecht für
Einen,
der vergessen hatte
wie es ist
zu fliegen

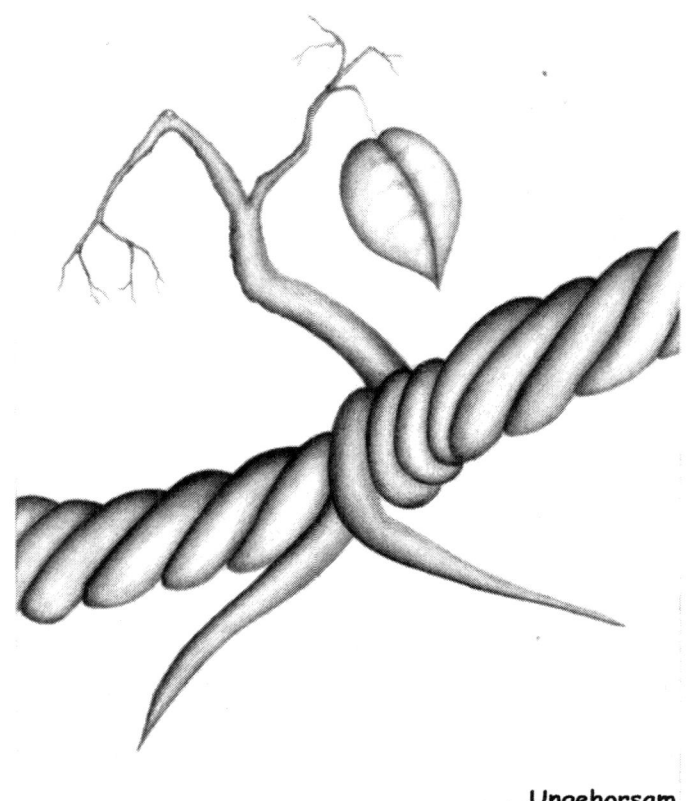

Ungehorsam

Einladung

Komm herein leise
wie Katzen
und bleib wie Katzen
manchmal bleiben
für eine Weile

bevor du gehst.

Namenloser Ort

Dort werden wir uns sehen,
uns berühren
scheu und sanft
den Abend erwarten
wehrlos
uns zulassen

uns erkennen und keine
Stille soll brechen
kein Wortlos vergessen sein

In uns
soll die Fahrt beginnen

Gemischte Gefühle

Voneinander zueinander
Von
Ohneeinander
zu
Miteinander

Du ein Ander
Ich ein Ander

Beieinander
Durcheinander

Weißt Du noch ?

Im Winter war es kalt, im Sommer heiß.
Im Herbst wehte der Wind
und im Frühling hatten wir Zeit.

Weißt Du noch ?
Im Winter als es kalt war
wie heiß wir waren ?
Im Sommer als es heiß war
wie kalt wir geworden waren ?
Im Herbst ließen wir den Drachen frei.
Weißt Du noch -
wie er seinen Zielen entgegen trudelte
- so frei ?
Weißt Du noch
im Frühling wie wir die Uhr nicht
aus den Augen ließen ?

Weißt Du noch ?

Traum I.

In meinem Traum
fiel dein goldener Ball
nicht
in den dunklen Brunnen
Dein goldenes Tellerlein
war lang zerbrochen
und dein Vater,
der König
brach täglich sein Wort

Dennoch
atemlos
erwachte ich
mit Händen voller Unrat

Lust

Heute hätte ich Lust
zu dir zu kommen
Ich würde
meinen ganzen Körper
mitbringen

Meine Hände wären
kleine rasende Vögel
auf der Suche nach Schlafplätzen

Ich hätte keine Eile
wenn ich schön gedankenlos
deinen Nacken streicheln würde
mit meinem Mund

Und meine klugen Worte
würden sich für eine Weile
saudumm vorkommen

Vorschlag

Geh weg von mir,
lauf schreiend deiner Wege,
halt meinen Stein, küss ihn,
wirf ihn dann fort
dass er zerbricht
an deinen leichten Ufern.

Bleib hier ganz nah
und halt mich
in mir fest,
den Stein,
den legst du heimlich in ein Nest
für Vögel,
die die Angst, den Mut,
die Hoffnung
und die Traurigkeit bebrüten

für diesen Frühling noch.

Traum II.

Im meinem Traum
fanden wir eine Feder
zuwenig die eine
für zwei
Ich wollte nicht streiten
und so
flogst Du davon

Ich sah dir nicht nach
Ich suchte den Boden ab nach deiner Fährte
die Nase im Wind
warst Du noch eine Weile.

Nähe, Versuche

Nähe I.
Mein Maß

Wenn
ich wieder mal messen will
mit dem sich windenden Lineal
die Entfernung zu Dir.
Hälst Du
wieder mal
nie still

So bekomme ich
immer
genaueste Ergebnisse.

Nähe II.
Höhere Gewalt

Wenn
dein Flug einmal
zu hoch gerät
Ich weiß,
Du fürchtest die Winde

kann es passieren
dass deine Flügel
den Himmel berühren
und zerbrechen daran

Nähe III.
Aus meiner Sicht

Tatsächlich
erkennst Du aus der Ferne
manches leichter.
Jedoch
wirst Du niemals
von dort das Brot schmecken,
kein Augenblick
wird sein von dort
nur für Dich

Nähe IV.
Das Nahtlos

Nä, Nä ,Nä –
Knirschend platzen die Nähte.
Die Schneider in der Nähe
haben Ruhetag.
Die Nadel flüstert im Heuhaufen.
Leih mir dein Ör (du bekommst es zurück)
mir
durstigem Kamel

Nähe V.
In der Nähe
wachsen die kostbaren
Mauern,
treiben ihre grauen Blätter,
über den Horizont

Dann wärmen
kleine Sonnen
nur Steine noch.

Nötig

Manche Augenblicke
lassen
sich nicht beschreiben

      die Farben sind zu blass
      die Töne brechen
      die Worte schweigen sich aus

Wahrscheinlich
weil sie es nicht
nötig haben

Spieler

Ich geh mit
und fast alles zum Sehen

Ein Haufen gefallener Würfel
ungeschickt gezinkte Karten
für
den halbherzigen Einsatz
ein fremder Gegner
spricht
die unverstandene Regel

Doch auch
an Tagen schon total verspielt
Ich steige aus.

und steh dann fröstelnd
in zügigen Hallen und
warte dummgeduldig auf die Ankunft
zurück genommener Züge

Stimmung - mehr oder weniger

Komm,
reiß dir die Nacht
unter die schmutzigen Nägel
krall
dich fest
in den schnell ziehenden Wolken
schrei
mit den Krähen
ihre rohen Lieder
lass
dein Herz
den Takt schlagen
auf der alten Trommel
soll das Fell
heut Nacht
zerreißen

Ohne mich

Besser ohne mich,
ich tauge nicht
für eure großen Spiele
meine Würfel fallen
immer nur unter den Tisch
und die Karten zerreiße ich
nicht mit Absicht
nein,
diese Regel kann ich mir einfach nicht merken,
ganz einfach nicht.

Später, wenn der Sieger feststeht
auf dem Boden der Tatsachen
ruft mich dazu
ich werde höflich sein und die solide
Verarbeitung des Podestes loben.

Es seien gepriesen
die Klarheit und Endlichkeit der Logik,
Es seien gelobt
die Antworten ja und nein,
Es seien gepriesen
die Farben schwarz und weiß,
Das Andere
sei in Kauf genommen
ungepriesen.

Was besteht

Sind
die Steine und ihre kindlichen Ideen
vom Sein

die klugen Bäume
die im Herbst ihre Fragen
dem Wind überlassen

die Unvernunft der Engel
wenn Sie ihre Flügel verschenken

Die Musik aus Wind und Meer,
mein seltener Tanz dazu.

Der vergessene Drache
der irrt durch die Ebenen

Der graue Schutt, das Geröll
in uns fast verborgen geborgen

Und sicher
(ich schreib das jetzt mal hin)
meine haltbaren Zweifel.

Hilfe

Wenn ich wieder mal versinke
im Boden der Tatsachen
und zögerlich um Hilfe rufe
dann kommt meist keiner mich heraus zu ziehen.

Dann wünschte ich mir ein großes Ohr,
es dürfte ruhig noch grün dahinter lauern
in das ich hinein weinen dürfte
mindestens eine Stunde lang
mit dicken Tränen die verglucksten.

Dann müssten große Arme mich umfassen
halb Tarzan, halbe Fee'en Arme
mich sicher machen nur bis dass ich müde würde
und große Hände wären da um ich zu kraulen.

Dann würd' es Zeit für einen großen Mund
der mir ein langes Märchen gäbe und
einen Schlafekuss ...
Dann trüge mich ein wirklich großes Menschentier
hinüber in ein Bett
und käme später noch mal leise rein
nach mir zu sehen.

Moment am Abend

Mensch, heute hat der Tag
mich über's Knie gebrochen
mich halb zurück gelassen, mitzerissen
ausgespuckt und eingesackt

Jetzt da die Nacht mir Treue schwört
und schöne dunkle Leben mir verspricht

Bin ich halbwach und halbgeträumt
von Stücken, Teilen
die ich füge neu und neu zusammen
und die
doch keinen Sinn ergeben.

Ich bin müde

Ich bin müde der Worte
der Gesten geschwiegen an Euch
bin ich müde

Ich bin müde der Lieder
der verklingenden Töne
bin ich müde

Ich bin müde der kleinen Siege
des nächtlichen Nachladens
bin ich müde

Ich bin müde des Schlafens
der grauen Träume
bin ich müde

Ich bin müde der Abschiede
des täglichen Verlierens
bin ich müde

Ich bin müde der Verluste
der glänzenden Lüge
bin ich müde

Angst

Sei jetzt besser still,
sei leise, lösch das Licht
murmel deine guten Worte,
leise jetzt ich höre Schritte
die sich nähern,
falsche Fährten führten
Monster in die Nähe.
Mutter warnte lange.
Vater schlief nur schlecht.

Sei jetzt besser still,
rüste dich mit Angst,
und zweifle schneller.
Morgen geht die Sonne andre Wege,
übermorgen ist es schon zu spät
Du weißt
die Tiere wollen Fleisch und Blut
und haben keine Zeit
und deine Sprache
wird hier nicht verstanden
Dies ist ein altes Spiel, die
Würfel sind unlesbar, müde.
Frag du den Fährmann nicht um Rat
am andren Ufer haben schwarze Vögel
ihre Nester
und man sagt
die brüten schon.

Sei auf der Hut
die Stille jetzt
betrügt die Stille
halt deine Augen auf
auch an den hellen Flecken

lauern alte Wächter auf Bewegung
und ihre Hunde haben heiße Spur
noch nie verloren.
Verwickel dich
in deine kluge Haut
Verbirg dich
in den kleinen Schatten
Krall dich
an krummen Wurzeln fest,
die schützen heimlich
deine Wege

noch.

Keiner

Keiner mehr
schützte die
Flamme, die erhellte
ein Stück nahe Welt
achtlos verdorben
das Licht zum Dunkel

Keiner mehr
findet Ruhe
in der verlorenen Hand,
die schützte, Schatten
warf
über verborgene Orte
und
nun zeigt ins Leere

Lautlos
im Dunkel
verblüht die Rose
in der Knospe

So bin ich hierher gekommen

Ohne Schuhe, wehrlos,
sprachlos schreiend kam ich zu uns
immer hungrig gefüttert
von milchigen Müttern
erinnere ich nicht mehr den Plan,
der mich brachte nach
hier

Hier
fand man mich schlafend
zerträumt von den Wirklichkeiten
sorgsam getrennt, geschützt
vor vielem fremden Maß
alle nötigen Dinge
in Mir

Mir
fehlten, das weiß ich wie Zweifel
nur Fehler
verstehst du das Brechen
wie ohrenbetäubend –
wie leicht
es zerbrach in verdaubare Stücke
das wehrlose Ganze,
das Schwache gemessen
nurnur am Starken
an anderen seltsamen Orten
weit

Weit
kam ich heraus
aus den freundlichen Hüllen,
so häutete ich rasend, bewusstlos

getrieben
das Heute ins Morgen
verlor mein Gesicht immer
selt'ner im Spiel um fremdes
Verlieren

Verlieren
war nur noch Verlust
kein Ballast, kein guter Sinn,
kein Steigen wohin
auch in niedere Himmel
Die ich – so wie du –
mit den Händen berührte
als seien es Wolken
die regnen sich ab
in die Zeit

Zeit
gab man mir auch noch
zu schweigen, zu sprechen,
Zeit zu erinnern und Zeit
zu vergessen

Vergessen
das ist doch bewusstlos
ein Weg in mein Nichts
die Ziele erreichen den Gehenden, Laufenden
Fallenden
lange vor ihm

Lass gut oder schlecht sein
bis hier –
Ich zahl das
mit meinen schäbigen Münzen
die riechen ein wenig

nach Übung

    Üb' erst mal den Tag
    dann lernst du die Nacht
    nur

wie von selbst

Selbst
will ich sein
nichts mehr dazu tun
von den wertvollen Resten
ich halte mich hier

vom Weg
abgekommengegangen

verschmelzen die Ziele,
die mich erreichten

So halten die Pläne
ihr Wort.

Gütertrennung.

Ich gebe dir alles zurück,

Hier das Vertrauen ist jetzt wieder deins,
nimm auch das Lachen — ist etwas benutzt,
da sind deine Worte,

„Ja ich helfe dir tragen zur Tür‘

Vergiss nicht die Hälfte der Nähe
gehört jetzt wieder dir ganz allein.
Nur die Zeit ging verloren,
nimm doch als Ersatz dort die Scherben.

„Nein, das lässt sich nicht kleben,
ich hab's schon probiert‘

Das hier ist noch ein halbes Wir,
ich hab es zerschnitten mitten im i.

„Ja, wähl du deine Hälfte‘

Ach ja da ein Teil uns'rer Wärme — ist
leider ganz kalt mir geworden.

Das müsste es sein.

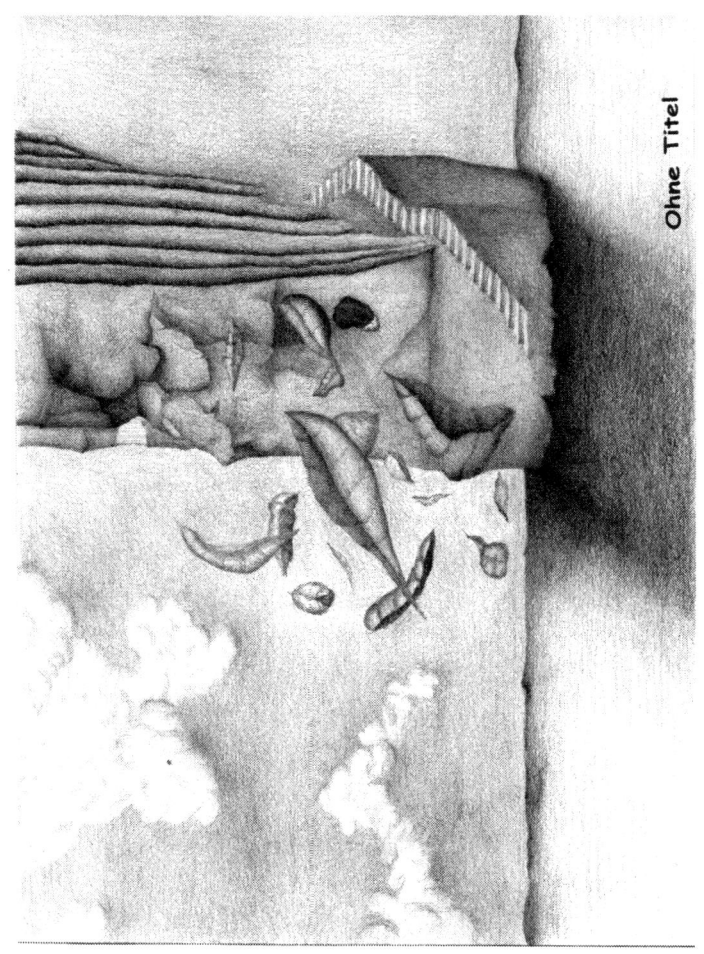

Ohne Titel

Kleine Liebesgeschichte mit eindeutigem Ende

Ich	bin allein
Du	bist irgendwo
Er	hat bisher noch jeden zum Bellen gebracht
Sie	muß bei Filmen nie weinen
Es	ist verurteilt
Wir	frieren getrennt
Ihr	habt von Anfang an gewusst
Sie	weiß dass
Ich	allein bin

Das wird ein Tag

Das wird ein Tag,
an dem Verbotsschilder in Museen
von Kindern angefasst werden dürfen
Das wird ein Tag,
an dem die großen nassen Tannen
weise die Jäger belächeln,
die verwundert ihre weinenden Gewehre
nach Hause tragen.
Das wird ein Tag,
an dem der Köppke in der Tagesschau nichts
sagen wird oder höchstens, dass er sich oft einsam
fühlt, so allein hinter seinem Tisch.
Das wird ein Tag,
an dem die Schlachthäuser dieser Welt
in der großen Wüste ,Gestern' verschwinden
an dem alle Staats- und Wappentiere
durch Maulwürfe ersetzt werden

Mensch ! Das wird ein Tag !

Ich werde am Fenster sitzen
an meinem Tag, mit den Fliegen um die
Wette brummen und darauf warten,
dass die Sonne Junge kriegt
die dann im Winter ab und zu
'nen kleinen Sommer machen.

Wir

Wir pflanzten die Blume,
lockerten die Erde wiederholt,
entfernten Steine, spendeten Wasser,
ließen das Wetter eine Zeit
nicht aus den Augen,
wir jäteten Unkraut
und nahmen Anteil am Leben der Blume
und gaben Anteil an Zeit

Endlich nach Monaten
die Knospe,
dann nach Tagen die
ersehnte Blüte,
dann entschieden
unsere Hände
mit dem Messer.

Die dünnen angewöhnlichen Worte.

Die heißt jetzt Umwelt.
Auf den Schildern steht
Trinkwasser Na und ?
Bald Preisvergleiche für
Atemluft.
Das Wort wird Überleben sein.
Man gewöhnt sich.

Vor dem Einschlafen

Küsst
dich die Nacht
in´s offene Auge

Rückt
etwas Verlorenes
enger zusammen

in dir

redet noch Tag
und reiht sich ein.

War.

König Logik

Macht ausübend
ernster Gefangener

kennt sich aus im Labyrinth,
weiß allerdings keinen Ausgang.

Hofnarr Phantasie

Macht ausübend
täglicher Finder
und Überwinder der Grenzen

Erfinder von König Logik

Als ich erwachsen wurde

Man flößte mir Zahlen ein
damit ich das Fieber und seine Träume
verließe.

Ich wurde nicht gesund.

Als ich erwachsen wurde
sagte man mir,
dass meine Stofftiere tot seien
daran starben sie.

Man stellte meinen Magen auf
mitteleuropäische Zeit um
allen anderen Hunger auch

und sagte mir,
dass Fury ein Pferd sei.

Als ich erwachsen wurde
fiel das Stehaufmännchen um
endgültig.
Man sagte mir
dass niemand zaubern könne
dass alles,
alles Trick sei !

Langsam beginne ich zu begreifen.

Zwischenfall

Der Vogel singt die Dämmerung.
Das überlegene Gewehr an den Mann
gewachsen, Familienbesitzer
tötet zur Entspannung.
Ein schwarzer Vogel, der jetzt
den Mann bemerkt, sieht,
aufmerksam ansieht
fast erwartend.

Das kurze trockene Geräusch,
schrill taumelnd steigt er noch einmal
torkelnd wie ein Blatt
dann
zu Boden.

Es fängt an zu regnen.
Der Wind bewegt einen Flügel.
Der Mann lädt nach.

Bild

Wie schön
das Gefieder der Entlein
in der Sonne
ölig glänzt.
Die Fischlein
rückenschwimmend
flussabwärts.

Verbissen
produzieren die
Herren der Lage
Gasmasken
und
Gas.

Wohl fest in den Griff genommen
von der Lage
die Herren.

Die Kindlein ?

Die Kindlein spielen in den Straßen
Smogalarm.

Hopp Heissa wie sie würgen.

Seitenwechsel

Immer dann,
wenn in der Herde
ein Schaf stirbt
oder gestorben wird

dann immer
wird im Rudel
ein Wolf geboren.

So ändern sich die Zeiten.

Anmerkung

Die überwiegende Anzahl der Gedichte in diesem Buch
ist in diesem Jahr bzw. dem Vorjahr entstanden. Einige
wenige sind aus den vergangenen fünf Jahren.
Nur im vierten Teil sind Gedichte die ca. 20 Jahre
alt sind und in kleiner Auflage schon einmal
veröffentlicht wurden. Die sollten nicht verloren
gehen.

Klaus Adloff im Juni 2001